CONTENTS 目录

超级帝国古罗马

君士坦丁凯旋门（罗马）

罗马万神殿

嘉德高架引水桥（法国）

万神殿（罗马）

圆形竞技场（罗马）

如果有人问起现今世界上最强大的国家，或许人们会说是美国。然而你知道吗，历史上曾经出现过一个极其强大的超级强国，那就是——古罗马帝国。

古罗马帝国的疆域横跨欧、亚、非三洲，史上无与伦比；古罗马帝国的道路四通八达，所以我们常说"条条大路通罗马"；古罗马的建筑鬼斧神工，令人惊叹，其中的神殿、竞技场、引水道、大广场和大浴场等，甚至被推崇为"人类文明的奇观"。

虽然古罗马帝国已经消逝好几世纪，当年雄伟的建筑也仅留下断壁残垣，但是这些遗迹保存了当年的辉煌，让我们得以从遗迹中窥探古罗马帝国昔日的荣景！

横跨欧亚非的超级强国

罗马帝国的版图到底有多大呢？

极盛时期的罗马帝国西起大西洋，东到中东的幼发拉底河，北抵英格兰北部，南到非洲的撒哈拉沙漠。

这些地区的涵盖范围，大约包括了当今的 30 个国家，而且还把整个地中海都围起来，成为这片领土范围的内海，当时罗马帝国幅员之广阔，真可谓空前绝后！

哈德良长城（英国苏格兰）

罗马古城堡（法国利曼）

塞哥维亚水道桥（西班牙）

这么多国家都还留有古罗马遗址啊！

除了这些，还有很多国家也有喔！

魁德林堡古城（德国）

萨洛尼卡古城的罗马遗迹（希腊）

亚　洲

黑海

腊

土耳其

叙利亚

黎巴嫩

约旦

埃及　中　东

贝尔加玛古城（土耳其）

古代世界的"民族大熔炉"

罗马帝国不但版图辽阔，范围涵盖了现代欧、亚、非的许多国家，地中海沿岸的希腊人、法国人、埃及人等，也都纷纷涌进罗马，使得罗马帝国成为古代世界的"民族大熔炉"！

最大的古城杜加（突尼斯）

提姆加德古罗马遗址（阿尔及利亚）

古罗马引水道（摩洛哥）

英国　欧洲

大西洋　法国　德国

意大

西班牙　地中海

阿尔及利亚　突尼西

摩洛哥

非洲

古城巴勒贝克神庙（黎巴嫩）

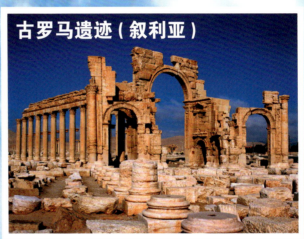

古罗马遗迹（叙利亚）

意大利境外保存最好的古罗马建筑群
（约旦古城哲拉希）

菲莱神殿（埃及）

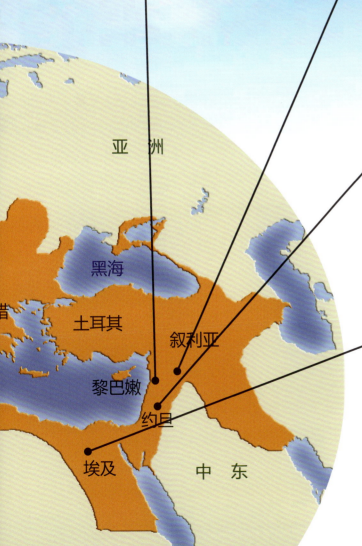

亚 洲

黑海

土耳其

叙利亚

黎巴嫩

约旦

埃及

中 东

罗马不是一天建成的

台伯河发源于意大利北方，蜿蜒流到意大利半岛中部的拉丁平原。传说中的双胞胎就是被丢弃在台伯河中，还好被救起，长大后在台伯河畔建立了罗马城。

古罗马是这样一个幅员辽阔的大帝国，最初却是从意大利台伯河畔的一个小农村逐渐发展起来的，关于罗马城的建立，还流传着一则传奇的神话故事呢！

传说罗慕路斯和雷穆斯这对双胞胎兄弟，是战神马尔斯和慕尼特国王的女儿生下的。慕尼特国王被放逐后，由于新的国王担心这对兄弟长大后会与他争夺王位，于是命人将襁褓中的双胞胎丢到台伯河中，准备将他们淹死。可是幸运的两兄弟被一只到河边喝水的母狼发现，母狼用它的奶水喂养他们，后来被一位好心的牧羊人带回家抚养。

长大后，在一次争执中，罗慕路斯杀死了雷穆斯，不久，罗慕路斯在台伯河畔建立起一座城邦，并用自己的名字将它命名为"罗马"，这就是神话中罗马建国的起源。

传说战神马尔斯是建立罗马城的罗慕路斯兄弟的父亲。

为了纪念罗马城的建城传说，意大利艺术家在公元六世纪塑造了一尊著名的"母狼育婴"塑像，这个雕像已成为罗马的象征，在地砖、图画等用品中处处可见。

罗马开始建造了

听完了传说，再来看看罗马城是如何建造的吧！

根据历史，在公元前八世纪左右，一群土生土长的拉丁人在台伯河畔建立了罗马城邦。当时台伯河沿岸有七座小山丘，他们在山丘上建立聚落，以木板盖屋，耕种为生，所以罗马又称为"七丘之城"。

渐渐地，聚落扩展为城市，木屋变成了泥砖屋。到公元前四世纪时，罗马人征服了整个意大利半岛，而罗马也成为近十万人口的大城市。公元前三世纪，罗马的疆域开始迅速扩展了！

公元前八世纪

拉丁人在台伯河畔的七个小山丘上建立小聚落，用木板盖房屋，以耕种为生。

公元前五～前四世纪

随着人口增加，聚落开始向其他山丘以及山下延伸。公元前四世纪时，因居住在北方的高卢人侵犯，所以在七丘外围筑起城墙来御敌。这时，房屋已多为泥砖房，人口将近十万人。

虽然罗马疆土越来越辽阔，却也遭遇过大灾难喔！

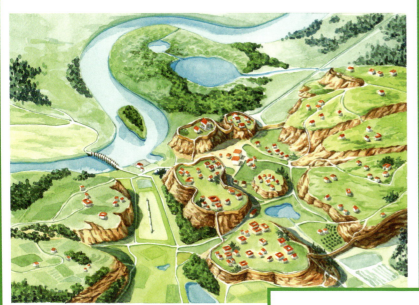

公元前三～前二世纪

公元前三世纪以后，罗马帝国凭借战争，大幅扩张领土。为了快速将战士送到战场，兴建了罗马大道；为了取得水源，兴建了引水渠道。罗马大道都是以罗马城为中心向外辐射延伸。

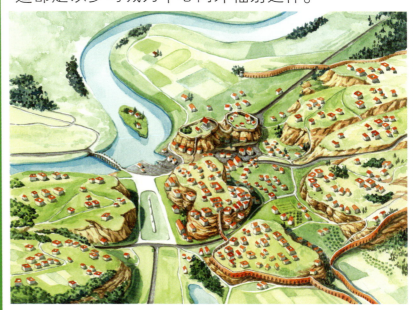

11

罗马不是一天建成的 ▶▶▶▶▶▶▶▶▶▶▶▶▶▶▶▶▶▶▶▶

罗马帝国建城完成！

　　到公元一世纪时，罗马已控制了整个地中海，建立起一个超级强国。虽然曾经被一场大火烧毁了近半个城市，却也让整个城市得以重新规划建造；到了二、三世纪时，罗马城已成为人口超过百万、壮丽宏伟的罗马帝国根据地了。

　　有句话说"罗马不是一天建成的"，罗马城的兴建，前前后后历经了八九个世纪，将近一千年才完成的呢！

公元前一世纪左右

随着疆土扩张，这时罗马城已经是个拥挤的城市。公元 64 年，尼禄皇帝在位时发生了一场大火，整个罗马城有三分之一被焚毁。火灾后罗马城展开大规模都市计划，圆形竞技场、万神庙均于此时兴建完成。

公元二～三世纪

这时是罗马帝国最强盛的时期，罗马城的人口已超过一百万。罗马皇帝为了笼络民心，在城内建了神殿、剧场、竞技场、浴场等公共设施。这时期，作为帝国根据地的罗马城，完成兴建。

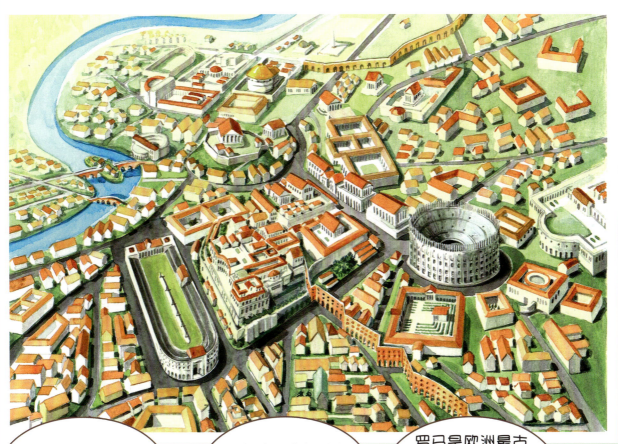

太好了，现在我可以重新建造罗马城了。

听说放火烧城的就是尼禄皇帝本人，真是个暴君啊！

罗马是欧洲最古老的城市之一，对世界的影响十分深远呢！

条条大路通罗马

▲ 公元前 312 年（也就是 2300 多年前）修建的阿庇亚大道，是第一条罗马大道，用来连接罗马和意大利南部的战略要地，同时也是通往希腊和东方的主干道，全长 211 公里，道路宽 6 米。

罗马帝国不只是版图辽阔，还发展出道路建筑、引水道工程和大浴场等高超的技术！

帝国到处征战扩张领土，为了将战士和物资快速送到战场，于是开展兴建一条条坚固笔直的"罗马大道"，等到帝国的版图越来越广阔时，更要借着这些运输网络来调兵遣将，并连接、掌控整个帝国。

这些道路都以罗马城为中心，向四周辐射，向北延伸到英国，向东延伸到亚洲西端的阿拉伯和小亚细亚。公元前二世纪时，在帝国统治范围内共建了320条罗马大道，总长度达到七万八千多公里。（想一想：中国的陆地边界全长是二万二千多公里，中国的海岸线是一万八千多公里，罗马大道总长度是不是很长？）

只要沿着这些罗马大道走，都可以到达罗马，这就是"条条大路通罗马"这句话的由来。

▲ 在罗马鼎盛时期，以罗马为中心辐射延伸的罗马大道密布全国各地，总长度达到七万八千多公里。这些道路网不只是帝国组织、管理和后勤补给的大动脉，人们也借着这些四通八达的道路网，进行游学、旅行和贸易等活动。

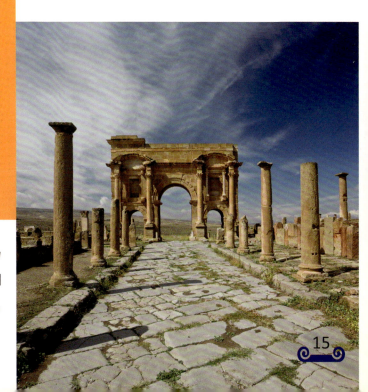

▶ 位于阿尔及利亚的提姆加德古罗马遗迹，是北非最大、保存最完好的罗马遗址，已被列入《世界遗产名录》。

15

坚实的道路，卓越的技术

罗马大道由于铺设技术高超，所以非常坚固耐用，经过了两千多年，有些路段至今仍然肩负着运输功能。

铺设道路时，要先挖出壕沟，在两旁砌上边石，接着在壕沟底部依序填入碎石和沙砾，一一压实，再铺上扁平的石板块。测量员还会用特殊的工具来检查路面是否平整。

这种道路铺设技术，一直到十九世纪发明了沥青碎石铺路法后，才逐渐被取代。

石板块

古罗马城的公路网

古罗马城

台伯河

修筑罗马大道遇到湿地时，要先打入木桩，再架设木架，然后才填入石灰岩及沙砾等。

测量员使用工具来检视路面是否平整。

边石

砖瓦破片、石灰等混合层

碎石、石灰等混合层

碎石层

铺设道路时，在路面挖壕沟，然后在壕沟里依序填上沙土和碎石，最上面铺上石板，接着在道路两旁砌上大石块作为边石，以巩固路面。为了防止雨天积水，路面还做出微拱的弧度，或在道路两旁挖设排水沟。

伟大的引水道工程

罗马城的人口越来越多后，城里的生活用水需求量也越来越大。虽然台伯河有源源不断的流水，但考虑到卫生问题，于是兴建了第一条引水渠道"阿比亚引水道"，将城外洁净的涌泉引进城内。在古罗马统治期间，总共兴建了11条引水道。

为了保持水道畅通，罗马人逢山开路、遇河架桥，当水路通过低洼地区时，为了维持水位高度及考虑落差，让水流保持顺畅，于是建造一种能让水流通过的高架水渠。建高架水渠必须具备精密的测量技术与大型土木工程技术，罗马人则把这样的技术发挥到极致！

这座位于西班牙塞哥维亚的高架拱桥建造于公元二世纪初，桥共有三层，高度30米，最上层是水流渠道。

法国尼姆城附近的嘉德高架引水桥，是现存罗马引水道中最壮观美丽的，它是为了提供50公里外的尼姆城用水而兴建的。桥高49米，相当于12层楼的高度，分为三层，最上层是水渠，下方是拱桥。为了保持水流顺畅，因此将桥面设计为倾斜面，每公里约有0.34米的坡度。这座桥已被列入《世界遗产名录》。

罗马人还发明了起重机械，可以将笨重的石块等建材搬运到高处。

▲ 意大利罗马的卡拉卡拉浴场，是古罗马最大的浴场，可容纳约 1600 人共浴，能洗澡、泡澡、蒸气、三温暖，还有体育场、图书馆、购物商店等休闲设施。

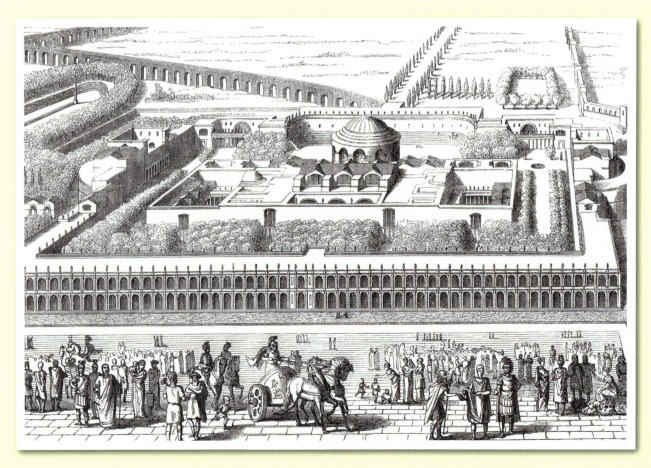

引水道还能提供浴场用水

引水道工程除了提供人们饮水，也让古罗马人都能洗热水澡呢！

为了服务广大的市民，古罗马帝国的市镇大都设有公共浴池，先利用长长的引水道将远处的河水送到水少的地方，再用火炉加热，就能提供热水浴、温水浴和冷水浴。浴场里面还有健身房、图书馆、游泳池和休息室等场所，让人们进行各种社交活动。

因为罗马人爱洗澡，古罗马帝国涵盖的当今各国都留有古罗马浴场遗迹呢！

▶ 利比亚莱普提斯的古罗马浴场遗迹，这里不只有大浴场，旁边还有暖房、冷房等三温暖设备。

◀ 英国巴斯的古罗马大浴场是公元一世纪时建造的，这个温泉浴场遗迹低于现代街道，上半部环绕四周的建筑是后来增建的。

巨蛋体育馆的蓝本——圆形竞技场

"圆形竞技场"又称"人兽斗技场",是角斗士决斗或人兽斗的场所。古罗马人假日最大的娱乐就是到竞技场观赏斗技;皇帝也利用竞技场进行阅兵或模拟水战。

这座圆形竞技场气势雄伟壮观,可容纳五万人同时观赏。

古罗马圆形竞技场自公元118年重建至今,已历经两千年,虽多次遭遇天灾人祸,但至今仍然屹立在罗马市中心,成为罗马永恒的象征!

古罗马竞技场始建于公元72年,后来曾毁于大火,公元118年才又重建。它的外观呈椭圆形,共有三层,每层80个拱门,形成了80个入口,便于数量庞大的观众出入。

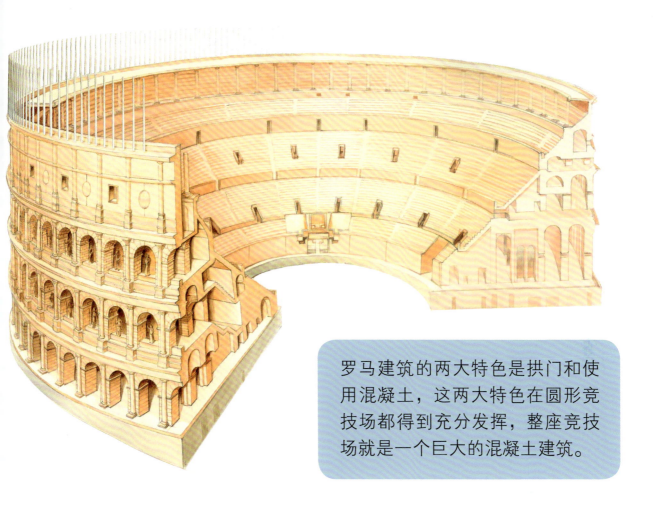

罗马建筑的两大特色是拱门和使用混凝土，这两大特色在圆形竞技场都得到充分发挥，整座竞技场就是一个巨大的混凝土建筑。

表演区底下隐藏着很多洞口和管道，可以存放道具和牲畜，表演开始再将它们吊到地面上来。

古罗马人 爱洗澡

　　小朋友在家里洗澡很方便，只要打开水龙头就有水可以用。可是在一千多年前，取水很不方便，很多地方的人只能很长时间才洗一次澡。

　　不过，考古学家从遗迹中发现古罗马人很爱洗澡，尤其是他们的皇帝，只要占领新城镇，一定会建公共浴场，让自己和人民不管到哪里都能痛快的洗澡！

罗马皇帝到民间巡视，发现……

古罗马人早期的浴场很小，在1900多年前经过改良后，空间变得大又明亮、空气流通，人们开始喜欢去浴场洗澡。而且罗马皇帝在占领的地方都会兴建公共浴场。

洗澡水从哪里来?

可是公共浴场需要很多水,有些浴场离湖泊或河流很远,要怎么把水送过来呢?

聪明的古罗马人建造了长长的引水道,将水从水源区引到水少的地方。还设有净水槽把河水变干净,水塔可以储存、调节水流,再用小小的水管连接到浴场去。

这样即使离水源很远,也有水可用喽!

浴场需要很多水才行,该怎么办呢?

水库

水坝

建造水坝将河水拦下来,就变成储存水的水库。

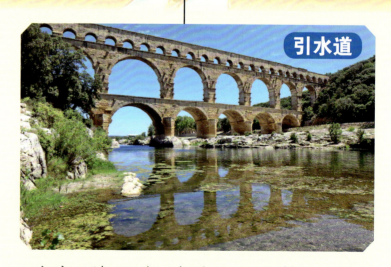

引水道

▲ 高度可达 49 米,相当于 12 层楼高,最上层是水流的管道,桥面有点倾斜,可让水流保持畅通;下方则是行人走的拱桥。

检查孔

每隔一段距离就有一个检查孔，通过检查孔检查水质和清除杂物。

沥析池

沉淀水中的泥沙和杂质，让干净的水流到水塔中。

水塔

从引水道流过来的水，会流入水塔中储存起来。

引水铅管

因为水会从高处往低处流，只要盖一个斜斜的引水道，就能解决啦！

引水铅管

▲ 用金属铅做成的水管，将水送到公共浴场和其他地方。

功能多多的公共浴场

古罗马的公共浴场内，分成男生和女生洗澡的区域，有专门放置衣物的更衣室。

这里不仅能洗冷水澡，也能泡泡热水澡，蒸气室内也有热热的空气能消除疲劳，还有乘凉的走廊、做日光浴的草坪，以及运动健身的运动场，功能非常齐全！

热水池

温水池

运动场

户外泳池

更衣室

水池的地板底下，用空心砖柱架高支撑，热水池的底下有火炉，加热后热气会在砖柱间流通，能让较远的温水池保持温度。

空心砖柱

热水池　温水池

大家一起来洗澡

为了让大家都能安心洗澡，公共浴场的收费很便宜，不论是大人、小孩或是贵族、奴隶，都能在这里轻松的洗澡、泡水，顺便和朋友聊天、玩游戏。

来公共浴场不仅能把身体洗干净，也能消除疲劳，保持健康，还能和朋友联络感情，所以古罗马人很爱洗澡喔！

罗马社会分阶层，但不论是贵族、军人或平民，都能到浴场洗澡。有些公共浴场较小，没有分男女区域，所以妇女在中午洗澡，男人则是在下午工作结束后来洗澡。

古罗马人如何洗澡？

洗澡前先涂上橄榄油，到运动场运动、活动筋骨，让身体热起来。

运动后，进入高温的蒸气室，用刮刀来刮除身体的污垢。

把污垢冲干净后，进到温水池或热水池里，将身体泡得热乎乎的。

最后跳入冷水池中，让身体凉快、收缩皮肤毛孔。

有了这么棒又便宜的公共浴场，大家都能天天洗澡了！

呵呵！

发现
庞贝城

约公元一世纪的时候，意大利的庞贝城是罗马帝国一个繁荣的都市。

当时的庞贝城除了农业发达之外，货物进出口的买卖也让他们赚了不少钱。

太太，鱼酱越臭越高级啊！

好臭的鱼酱，你居然还卖这么贵！

除了做生意赚钱，还很会享受，日子过得非常舒服。

等一下一起去澡堂泡澡吧？

好啊，你看我是不是又胖了？

这时庞贝城附近被认为是死火山的维苏威火山，却慢慢醒了过来。

睡得真久啊……

呼～啊

呃，怎么有点想吐？

轰……

公元79年8月，庞贝城发生了几次小地震，大家虽然受了惊吓，却对火山活动毫无警觉……

这几天都有地震，好吓人！

又不严重，你太担心啦！

没多久，维苏威火山开始大爆发，喷出高温火山灰和碎屑，像大雨一样落下，所有人开始逃走。

哇～救命啊！

儿子快逃啊，不要看！

爸爸，我在这里啦，你穿错了！

有些人虽然幸运的逃过火山灰的掩埋，却因吸入有毒气体而死亡……

呼，跑得好喘，深呼吸放松一下……

哎哟哟！喉咙好痛！不能呼吸了！

当维苏威火山最后一次喷发完毕时，庞贝城已经被埋在火山灰里。

哇，清一清喉咙后真舒服。

灾难发生后，罗马皇帝立刻下令，到灾区挖掘和抢救，可是却一直找不到……

一定要挖出庞贝城！

哦！

皇帝

报告皇帝，找不到！

直到18世纪，一些挖水井的人无意间挖出了庞贝城的文物和壁画。

哇～古时候的水壶耶！真是精致。

咔！

我快累死了，你还有心情欣赏！

越来越多庞贝城的建筑被挖出来，吸引了很多考古学家来研究……

难道这是传说中被火山毁灭的那座城市吗？

终于，在遗迹中发现一块刻着这座城市名字的标志，证实是庞贝城……

发现了，上面有刻字！

啊！

这时意大利的统治者查理三世下令全面挖掘和调查庞贝城。

哈哈哈！这些宝物都是我的！

钱

情何

$

许多国家也派人来帮忙挖掘。大家发现城内的人和景物都保留在刚被火山淹没的时候，时间就好像瞬间停止了。

小心！

教授，这里又有一个！

最后整个庞贝城终于被挖出来重见天日。

原来罗马时代的房屋是这样啊！

庞贝城的毁灭，也成为历史上最有名的火山灾难。

下次火山爆发是什么时候呢？

我希望没有下一次……

没想到，公元1944年，维苏威火山又喷发了，幸好大家提早警觉，所以很少人伤亡。

轰 轰

是谁又打扰我睡觉！我要把你们统统埋起来……

还好我们逃得快，要不然可能会像庞贝城一样，被火山埋了！

35

凝结之城 庞贝

"轰隆！轰隆！"公元79年8月24日，意大利南部的维苏威火山爆发，喷发出大量超高温的火山灰、火山碎屑和有毒的气体，天空布满厚厚的乌云，滚烫的喷发物在空气中凝固，开始坠落在山下的庞贝城。

几个小时后，庞贝城就被掩埋在四米深的火山灰之下，时间仿佛也停留在那一刻……。

直到1594年，人们再度发现这座被火山灰保存完整的古城，现在，一起来打开这个尘封一千多年的"时空胶囊"吧！

庞贝城的面积约 1.8 平方公里，坐落在意大利南部，西邻那不勒斯湾，北边是高约 1200 米的维苏威火山。

意大利

维苏威火山 ▲

庞贝

那不勒斯湾

进入时光隧道

从 18 世纪开始，挖掘庞贝城的工作一直持续着，这座被遗忘多年的城市，带来许多令人赞叹的发现！

走进庞贝城，仿佛掉进了时光隧道，城里可以看到棋盘式的街道，整齐的房舍，和广场、神庙、剧院、竞技场，以及公共浴池等大型公共建筑的遗迹，这些都是古罗马早期的建筑。

庞贝城附近挖掘出许多骨骸，留下浩劫发生时居民逃亡的情景，也提供了科学家了解古罗马人生活状况的线索。

庞贝城四周有石砌的围墙围绕，从断垣残壁的城中可以看到不远处的维苏威火山。

▲ 太阳神阿波罗被视为庞贝的守护神，图为祭祀阿波罗的神殿，神殿前的阿波罗雕像是复制品，真品已送到博物馆保存。

◄ 火山爆发时，许多人吸入毒气窒息而死亡，被火山灰和碎屑瞬间覆盖，冷却后形成坚硬的外壳。现在里面尸体已经完全腐烂，经过考古学家灌入石膏，再把外壳敲掉，可以看见当时庞贝人挣扎、痛苦的表情。

重现古代生活

　　庞贝城濒临海湾、气候宜人，当时吸引了许多富豪和权贵来此居住，加上农业发达以及商业繁荣，居民生活非常安定，尽情享受欢乐。

　　城里的一般人居住在街道两旁的商店、酒馆或出租房屋里，富人则是住在豪华的私人住宅里，由奴隶来负责家务。

　　虽然如此，但富人和穷人都享有同样的休闲娱乐：在剧场欣赏戏剧或音乐，前往竞技场观看格斗士和野兽对战，或是到重要的社交场所——公共浴场，和大家一起沐浴、闲聊。

庞贝城的小型剧场，主要用于一些小型的表演，如音乐会或诗歌朗诵之类。

▲庞贝城具有完整的供水系统，泉水从城外的山上引入，再通过供水管分流到各处。城里有四座公共浴场，进去后是男、女分开来的，主要分为等待室、更衣室、冷水浴室、温水浴室和热水浴室，并设有运动场，运动后再一起沐浴，是古罗马人重要的社交活动。

◄庞贝城内贩卖食物和酒的餐厅。因为当时人口众多又繁荣，所以街道上有许多家餐厅、酒馆、和面包房等店铺。

留在墙上的记忆

庞贝城许多房屋里面的墙上装饰着美丽的壁画，有些壁画占满整面墙，有些则画得像是墙上开启的一扇小窗户，风格非常精美、明亮而质朴。

有些人家的地面或墙上，还会铺设色彩鲜艳、手法细腻的马赛克镶嵌画。壁画和镶嵌画极有价值，不但美观，而且能提供许多讯息给考古学家研究。

这些栩栩如生的图像，就像留在墙上的记忆，那些消逝的过往仿佛又回到了眼前，对人们诉说庞贝城的古老故事。

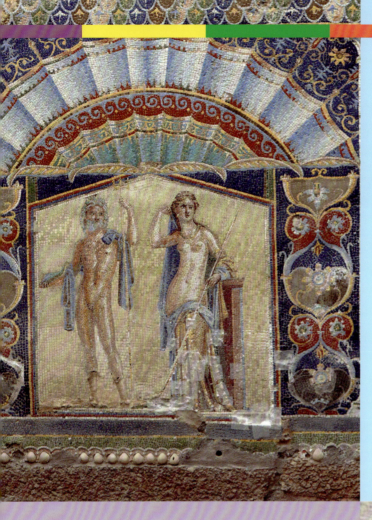

◀ 在庞贝城的住宅、商店或别墅的墙壁上，发现了许多用彩色色块拼贴出的精美镶嵌画。

▶ 庞贝城最大的房子是"牧神大宅"，在这栋建筑的方形水池中，有一个80厘米高的牧神雕像，池底由不同颜色的瓷砖拼成美丽的图形。

◀ 庞贝城里一座被称为"神秘别墅"的庄园墙上的壁画，内容为祭拜酒神的仪式。壁画上的红色，像是酒红跟血红的混合色，被称为"庞贝红"。

43

古罗马帝国的荣耀：
圆形竞技场

圆形竞技场原名为"弗莱文圆形剧场"，是在两千年前，由第九任罗马皇帝韦斯巴芗下令建造的。竞技场呈圆形，高约57米，约等于15层楼高，可容纳五万多名观众。

　　从空中俯瞰意大利首都罗马市区，矗立着一个雄伟壮观的圆形建筑——圆形竞技场，这个位于意大利首都罗马威尼斯广场南面的古老建筑，是罗马帝国最强盛时期进行血腥竞赛的斗兽赛场，也是留存到现在的古罗马建筑中，最卓越的代表，更是古罗马帝国的象征之一。1980 年被联合国教科文组织列入《世界遗产名录》。

古罗马帝国在公元前八世纪建立，直到公元一世纪，才建立了第一座的大型建筑圆形竞技场，再过三个世纪之后，才有其他如神殿等大型建筑物出现。

罗马竞技场是古罗马建筑技术的代表作之一，战囚格斗、水上战舰格斗、猛兽猎杀等活动，都在这个竞技场上发生过。

血腥的格斗竞技场

罗马帝国最强盛的时期，皇帝和贵族坐在竞技场里，居高临下观赏场上猛兽的猎杀、角斗士交锋对战的场面，还有大规模处决囚犯……场上野兽咆哮，战士的惨叫和观众的惊叫、喝彩形成一幅残忍血腥、令人震撼的画面。

这种竞技方式直到公元 404 年，才被当时的皇帝下令禁止。

圆形竞技场每层有 80 个拱，现在看到的外墙有部分损坏，是因为石材在文艺复兴时期被盗采，用去建造其他的宫殿和桥梁。

圆形竞技场内部是阶梯式的座位，围绕着中央广大的表演区，原本铺设有木质地板，地板毁坏后可以看见地底下部的结构，当时放了可移动的兽笼或囚笼。

Rome

往日帝国的荣耀象征

为了建筑这座竞技场，当时耗费大量的人力和物力，从 20 公里外的采石场，用大型船只运送了 24 万吨的石材到工地。

原来的竞技场共有四层，分属不同阶级的专区：一楼是皇帝和贵

1 用来连接遮阳棚的木杆

2 妇女和奴隶的座位

3 出口

4 皇室贵族和官员的座位

在竞技场上层的墙上，可看到一个一个的托座，这是以前用来支撑遮阳棚木杆的插口。

族专用，二楼为罗马市民席，三、四楼只有站台，社会地位越低，座位越高。

虽然历经两千多年，但从留下来的斑驳遗迹，还是可以想象往日壮观的场景和雄伟的气势。圆形竞技场仍是往日古老帝国辉煌的印记和荣耀的象征，也成为研究古代历史和建筑最好的材料。

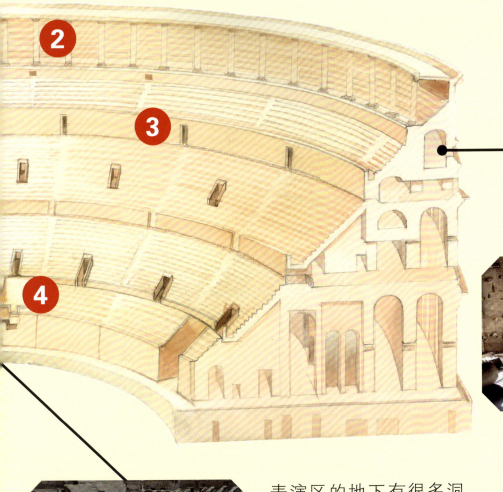

位于拱门后的内部走廊，可供大批群众自由进入和疏散。

表演区的地下有很多洞口和管道，可以存放道具，还有角斗士和用来格斗的狮子、老虎、豹等猛兽，表演开始时就将它们吊到地面。

圆顶的登峰造极之作：

罗马万神殿

阳光从圆顶中间照射进来，圆顶内部向内凹陷的镶板，在透视作用下感觉空间变深，使得整座神殿更神圣庄严。

罗马万神殿可以说是圆顶的登峰造极之作，不但文艺复兴时期意大利的建筑师来这里取经，后来的西方建筑也深受其影响。

　　罗马万神殿最初兴建于公元 27 年，后来毁于大火，公元 125 年又重建，屹立至今，成为现存最古老的圆顶建筑，同时也是目前唯一保存完整的古罗马建筑物。

　　这座神殿是由一个长方形的门廊和一个巨大的圆顶大厅所组成。门廊上有 16 根石柱，都是由整块花岗岩打造而成；圆顶大厅是奉祀神祇的地方，内部完全没有柱子支撑。圆顶正中央有一个圆形天窗，光线从这里照射进来，并随着太阳照射的位置移动，使得整座神殿充满神秘庄严的气氛。

　　罗马万神殿是由一个长方形的门廊和一个巨大的圆顶大厅所组成。它的门廊像希腊神庙，圆顶部分却是罗马式建筑，造型十分奇特。

谜一般的圆顶建筑结构

　　罗马万神殿最令人惊奇的是它那巨大的圆顶，以及完全不用一根柱子支撑的内部构造。

　　万神殿的圆顶是用混凝土建的，古罗马人在混凝土里加入浮石，制作出质轻耐用的建筑材料，用来浇灌圆顶。圆顶的高度和直径一样长，构成完美的比例与和谐感；圆顶的厚度则由下而上越来越薄，圆顶上还有一格格蜂窝似的镶板，以减轻重量。这些设计完全符合建筑结构的耐震原理，难怪它能屹立两千年而不动摇。

　　奇妙的是，现代混凝土为了防止裂开，必须加入强化钢筋，然而当时还没有钢筋可用，这些混凝土为什么不会裂开，至今仍是个谜！

混凝土是罗马人的一项重要发明，他们将石灰、火山灰加水搅拌成带有黏性的灰泥，再加入碎石，制作成混凝土。

廊柱
门廊是由八根廊柱所组成，这些廊柱全部是由整块花岗岩凿成。

天窗
顶端的天窗直径九米，是整座神庙唯一的光线来源。

镶板
圆顶内部一格格像蜂窝似的镶板，不只是为了美观，同时也可以减轻圆顶的重量。

壁龛
壁龛的石材都是由小亚细亚（土耳其）远道运来。这儿最初是供奉神祇的地方，后来成为艺术家、名人安葬之处。

世界最小的国家梵蒂冈

　　世界上最小的国家有多小呢？位于意大利境内的梵蒂冈，约有 62 个足球场那么大！但它是天主教的圣地，也是全世界天主教徒的精神中心！

　　公元 4 世纪时，当时罗马帝国的君士坦丁皇帝，在这里建了一座君士坦丁大教堂，来纪念耶稣的门徒圣彼得。15 ～ 16 世纪，被改建为圣彼得大教堂，并成为天主教会举行隆重仪式的场所。1984 年被联合国教科文组织列入《世界文化遗产名录》。

梵蒂冈位于意大利罗马城内的西北方，目前是全世界最小、人口最少的国家，面积只有 0.44 平方公里，约一个天安门广场的大小。在拉丁语中，梵蒂冈为"先知之地"的意思。圣彼得大教堂、圣彼得广场、梵蒂冈博物馆是梵蒂冈最主要的中心，也是宗教和艺术的殿堂。

世界最大的教堂

在全世界最小的国家中，却拥有全世界最大的教堂——圣彼得大教堂。长约 220 米，宽约 150 米，内部地板面积达 21400 平方米。

圣彼得大教堂又称为"圣伯多禄大殿"，经多次修建，现在的教堂建筑时间长达 176 年，陆续有许多优秀的建筑大师投入，集结了众人的智慧与心血。它的圆顶结构是由建筑和艺术大师米开朗基罗设计，整座教堂结构气势磅礴又庄严，是一项伟大的建筑奇迹。

圣彼得大教堂正面的墙上有 13 尊高 5.7 米的圣人雕像，左右各有一座大钟。教堂前面圣彼得广场上耸立着高 30 米、重 327 吨的方尖碑，是从埃及运到这里的。

方尖碑

在教堂的正门前，有一座拿着钥匙的圣彼得雕像。圣彼得是耶稣的 12 位使徒之一，也是第一任的天主教主教，经过后代的考古确认，他的墓就在教堂中祭坛的下方。

圣彼得大教堂的圆顶高 132.5 米，是世界上最大的圆顶结构，由米开朗基罗设计。

米开朗基罗是 15 世纪著名的意大利雕塑家、画家、建筑师和诗人。1546 年，他接任圣彼得教堂的建筑工程时已经 72 岁，在完工之前他就过世了，但是教堂美丽的圆顶是他遗留给世人的礼物之一。

华丽庄严的教堂内部

走进圣彼得大教堂，在天花板、墙面和走道旁，到处都是金碧辉煌、光彩夺目的壁画、雕刻和镶嵌画，主要呈现出圣经，以及古希腊、古罗马神话有关的内容，除了让人感受到庄严宁静的宗教气息，也不得不赞叹它的艺术之美！

在教堂的圆顶下方，有一座造型华丽的巨型青铜祭坛，它是天主教教廷的象征。精美的顶盖底下由四根柱子支撑，上方刚好是圆顶，当阳光从窗户洒落在祭坛时，仿佛来自天国之光。

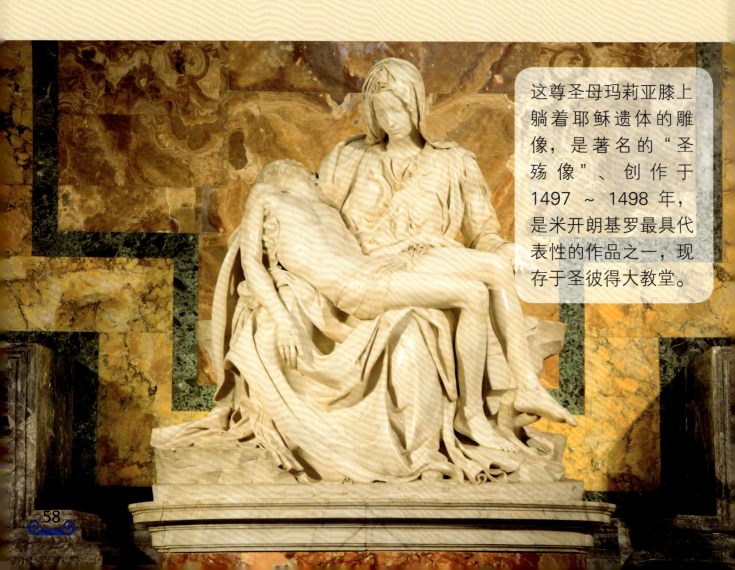

这尊圣母玛莉亚膝上躺着耶稣遗体的雕像，是著名的"圣殇像"、创作于1497～1498年，是米开朗基罗最具代表性的作品之一，现存于圣彼得大教堂。

圣彼得大教堂里的青铜祭坛，位于圣彼得墓的上方，建于1624～1633年，由意大利建筑师贝尼尼设计。四根绳状的柱子高达20米，上面是一个华丽的顶篷，总重37000千克，也是全世界最大的铜铸物。

圣彼得广场

圣彼得广场也称为圣伯多禄广场，位于圣彼得大教堂前，广场两侧有两列成对的圆柱形成的走廊，好像一道与教堂连接在一起的巨大围墙。

圣彼得广场大约可容纳 50 万人站立，天主教教宗接见信徒、发表谈话或举行重要仪式时，来自世界各地的教徒聚集在广场上，出现人山人海、万头攒动的景象，也让它成为罗马最具代表性的广场之一。

1656 年，贝尼尼设计的柱廊，为行人提供通道，这两道柱廊围住圣彼得大教堂，形成一个椭圆形广场。贝尼尼形容向外伸展的柱廊是"母亲的手"，接纳和凝聚到此地的信徒。

圣彼得广场的四周环绕着由圆柱构成的走廊，每根柱子高 18 米，共有 4 排、284 根圆柱。

贝尼尼是意大利 17 世纪最伟大的艺术家和杰出的建筑师之一。圣彼得大教堂中的青铜祭坛和圣彼得广场的柱廊，都是他的杰作。

梵蒂冈博物馆

在梵蒂冈城中，有一个建于公元前五世纪的梵蒂冈博物馆，它也是世界上最古老的博物馆，里面拥有大量精致的壁画、油画、雕像和各种珍贵的艺术收藏品，是经过多个世纪以来搜集和累积的成果。

这个世界上最小的国家，集结了西方宗教和艺术的精华，本身就是一项伟大的文化宝藏！

◀ 梵蒂冈博物馆的天花板和墙壁上到处都有美丽的壁画，在"地图长廊"的天花板上布满了令人目眩神迷的壁画，壁画和壁画之间，还装饰着许多精致的立体雕刻。

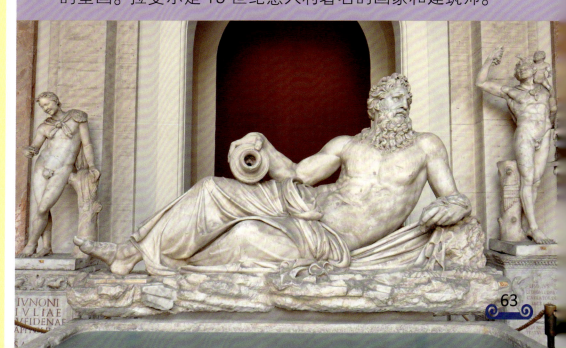

▲ 梵蒂冈博物馆的"拉斐尔画室"中，有许多拉斐尔创作的壁画。拉斐尔是15世纪意大利著名的画家和建筑师。

▶ 梵蒂冈博物馆面积大约55万平方米，馆中分为12个陈列室和5个艺术走廊，里面有44座祭坛、104尊大理石雕像和90尊石膏像，还有许多珍贵的收藏。

图书在版编目（ＣＩＰ）数据

条条大路通罗马 / 丁浩主编；北京沃维德教育科技
发展有限公司编. -- 南昌：江西教育出版社，2017.5
　　（我的第一本科普 MOOK）
　　ISBN 978-7-5392-9412-4

　　Ⅰ．①条… Ⅱ．①丁… ②北… Ⅲ．①古罗马－历史
－少儿读物 Ⅳ．①K126-49

中国版本图书馆 CIP 数据核字(2017)第 074929 号

我的第一本科普MOOK

条条大路通罗马
TIAOTIAO DALU TONG LUOMA

丁浩　主编

江西教育出版社出版

(南昌市抚河北路 291 号　　邮编：330008)
各地新华书店经销
北京市庆全新光印刷有限公司印刷
889 毫米×1194 毫米　　16 开本　　4 印张
2017 年 7 月第 1 版　　2017 年 7 月第 1 次印刷
ISBN 978-7-5392-9412-4
定价：29.80 元

赣教版图书如有印装质量问题，请向我社调换　电话：0791-86710427
投稿邮箱：JXJYCBS@163.com　　　电话：0791-86705643
网址：http://www.jxeph.com

赣版权登字-02-2017-147